Raimund Klein

KI in Interaktiven Systemen - Lernende Wörterbücher und lehrende Käfer

GRIN Verlag

Bibliografische Information der Deutschen Nationalbibliothek:

Die Deutsche Bibliothek verzeichnet diese Publikation in der Deutschen National-
bibliografie; detaillierte bibliografische Daten sind im Internet über http://dnb.d-
nb.de/ abrufbar.

Impressum:

Copyright © 2000 GRIN Verlag GmbH
Druck und Bindung: Books on Demand GmbH, Norderstedt Germany
ISBN: 978-3-638-93811-2

Dieses Buch bei GRIN:

http://www.grin.com/de/e-book/26421/ki-in-interaktiven-systemen-lernende-
woerterbuecher-und-lehrende-kaefer

GRIN - Your knowledge has value

Der GRIN Verlag publiziert seit 1998 wissenschaftliche Arbeiten von Studenten, Hochschullehrern und anderen Akademikern als eBook und gedrucktes Buch. Die Verlagswebsite www.grin.com ist die ideale Plattform zur Veröffentlichung von Hausarbeiten, Abschlussarbeiten, wissenschaftlichen Aufsätzen, Dissertationen und Fachbüchern.

Besuchen Sie uns im Internet:

http://www.grin.com/

http://www.facebook.com/grincom

http://www.twitter.com/grin_com

KI in Interaktiven Systemen - Lernende Wörterbücher und lehrende Käfer

Raimund Klein

13.07.2000

Zusammenfassung

Dieser Vortrag wurde im Rahmen des Seminars *Entwicklung Interaktiver Systeme* im Sommersemester 2000 gehalten. Er stellt zwei junge Konzepte dar, die in interaktiven Systemen völlig neue Möglichkeiten unter Nutzung von künstlicher Intelligenz eröffnen: *Adaptive Systeme* und *Agenten*, wobei letztere vor allem im Bereich der Präsentation betrachtet werden. In Abschnitt 2 werden allgemeine Aspekte und mögliche Einsatzbereiche für adaptive Systeme dargestellt, und in Abschnitt 3 werden diese Ideen am Beispiel eines adaptiven Spell Checkers, des *Laempel Systems* von Klaus Truemper (UT Dallas)[1] illustriert. In Abschnitt 4 wende ich mich den Einsatzmöglichkeiten von Agenten, einem auch innerhalb der gesamten KI recht jungen Konzept, in interaktiven Systemen zu, bevor in Abschnitt 4.5 verschiedene Präsentationsagenten und ihr Einsatzbereich vorgestellt werden; in Abschnitt 5 wird ein solcher Agent, *STEVE* von der University of Southern California (USC), detaillierter erläutert.

1 Einleitung

Der Einsatz von *Künstlicher Intelligenz* in Benutzungsschnittstellen steht derzeit gerade an seinem Anfang und befindet sich noch größtenteils im Bereich der Forschung. Es zeichnet sich allerdings ab, dass intelligente Benutzungsschnittstellen in nicht allzu ferner Zukunft stark an Bedeutung gewinnen werden. Die in diesem Vortrag vorgestellten Konzepte verfolgen verschiedene Ziele, u.a. ein System auf den Benutzer automatisch abzustimmen, ihm unnötige Detailarbeit abzunehmen und ihm das Gefühl zu nehmen, mit einer möglicherweise überlegenen Maschine zu interagieren. Hierfür können vielfältige KI-Methoden eingesetzt werden: Von der parametrisierten Suche über Plansysteme bis hin zu den noch recht jungen Agenten ist alles in Benutzungsschnittstellen verwendbar.

2 Adaptive Systeme

Schon länger bekannt sind sogenannte *adaptierbare Systeme*, die der Nutzer auf seine individuellen Bedürfnisse abstimmen kann. *Adaptive Systeme* hingegen passen sich automatisch an den Benutzer an. So schreibt Langley ([Lan97]):

---

[1]siehe http://www.utdallas.edu/~klaus

1

An adaptive user interface is an interactive software system that improves its ability to interact with a user based on partial experience with that user.

Über die Anpassung an den Benutzer hinaus sind Systeme denkbar, die sich an Ausgabegeräte (z.B. unterschiedliche Displaygrößen) oder Ressourcen (z. B. langsame Netzübertragung) anpassen können.

2.1 Anpassung an den Benutzer

Die Idee bei *nutzeradaptiven* Systemen besteht darin, dass das System den Nutzer bei seiner Arbeit „beobachtet" und über ihn ein „Benutzermodell" anlegt. Eine derartige Vorgehensweise ist natürlich nur sinnvoll, wenn der Nutzer über einen wesentlich längeren Zeitraum mit dem System arbeitet, als das Erlernen des Nutzerverhaltens beansprucht. Ebenso sollte aus Gründen des Datenschutzes der Nutzer darüber informiert werden, dass seine Präferenzen in einer wie auch immer gearteten History-Liste gespeichert werden. Ein einfaches Beispiel für dieses Verfahren sind Listen, in denen eine bestimmte Anzahl zuletzt gewählter Einträge als Standauswahl zur Verfügung gestellt wird.

Eine (Komplexitäts-)Stufe höher sind solche Systeme anzusiedeln, die nicht nur Wissen über den Nutzer sammeln, sondern daraus auf Basis gewisser Inferenzregeln neues Wissen *ableiten*, so dass aus einem Informationssystem schließlich ein *Beratungssystem* wird. Beim Einsatz solcher Systeme muss jedoch sichergestellt werden, dass der Nutzer immer die gesamte Kontrolle behalten *kann*, insbesondere natürlich die Kontrolle über sein Benutzermodell. Gerade bei schwerwiegenden Entscheidungen, wobei der Begriff „schwerwiegend" anwendungsabhängig ist, sollte sich das System darauf beschränken (lassen), dem Nutzer lediglich *Vorschläge* zu unterbreiten.

Für nutzeradaptive Systeme bieten sich u.a. zwei Anwendungsfelder an: Lehr- bzw. Lernprogramme können mithilfe der hier vorgestellten Konzepte z.B. anhand der vom Benutzer korrekt beantworteten Fragen erraten, in welchen Bereichen er sich besser und in welchen schlechter auskennt und die Fragenauswahl darauf abstimmen; in Hypertext-/Hypermediasystemen ist es denkbar, die gelieferten Informationen auf den Benutzer abzustimmen. Zum letzteren gibt es bereits statistische Untersuchungen im Bereich des WWW, die darlegen, welche Benutzer*gruppe* welche Arten von Informationen bevorzugt [Pre99].

2.2 Anpassung an vorhandene Ressourcen

Die Anpassung an Ressourcen ist dort interessant, wo Verarbeitungsgeschwindigkeit oder verfügbare Zeit unbekannte Parameter sind. Um eine solche Anpassung zu erreichen, werden sog. *Anytime-Algorithmen* entwickelt; solche Algorithmen sind jederzeit unterbrechbar. Eine abgeschwächte (und sicherlich häufiger anzutreffende) Form stellen sog. *diskrete Anytime-Algorithmen* dar, die zu bestimmten Zeitpunkten abgebrochen werden können. Im Bereich der Computergrafik gibt es bereits eine Vielzahl derartiger Algorithmen, die unter dem Begriff *progressive refinement* (schrittweise Verfeinerung) zusammengefasst werden ([Pre99]).

Den Standard stellen heutzutage jedoch zumeist *ressourcenadaptierte* Systeme dar, die wesentlich mehr Wissen über das Endsystem auf Entwicklerseite voraussetzen, als dies bei ressourcenadaptiven Systemen der Fall wäre.

Anwendungsbereiche für ressourcenadaptive Systeme finden sich z.B. überall dort, wo harte RealTime-Constraints einzuhalten sind und im Internet, wo eine wohl in dieser Form sonst nirgends in der Informatik anzutreffende Heterogenität an Ressourcen (Betriebssysteme, Bandbreiten,...) vorhanden ist. Insbesondere für das WWW wäre es wünschenswert, wenn der Clientbrowser mehr Einfluss auf den Informationsfluss seitens des Servers hätte - z.B. beim Übertragen von Multimediadaten zu spezifizieren, wie detailgetreu diese sein sollen (Grobkörnigkeit von Bildern oder erlaubtes Störrauschen bei Audiodateien). Gerade dieser Bereich enthält viele interdisziplinäre Aspekte, vor allem im Bereich der „Cognitive Sciences", wenn es darum geht, zu untersuchen, welche Informationen dem Benutzer unter gegebenen Umständen genügen.

2.3 Anpassung an Ausgabegeräte

Mit der fortschreitenden Mikrotechnologie klafft eine immer größere Lücke zwischen den Displays portabler PCs, z.B. Notebooks auf der Basis von Windows CE, und denen lokal stationierter Rechner, wo heutzutage 17"- und wohl bald schon 19"- oder 21"-Monitore den Standard darstellen. Allgemein gilt: Je kleiner das Display, desto wichtiger wird die Darstellung von Interfaceelementen in textueller Form, da diese weniger Platz beansprucht als z.B. Icons, die eine bestimmte Größe nicht unterschreiten dürfen, um überhaupt noch erkennbar zu sein. Es ist also praktisch unmöglich, eine einheitlich aussehende Benutzerschnittstelle für alle diese Systeme zu entwickeln.

Dennoch ist es heutzutage möglich, Fensterinhalte zumindest soweit zu vereinheitlichen, dass egal auf welchem System die gleichen Elemente unter- oder nebeneinander plaziert werden. Ein Beispiel hierfür stellt das AWT- bzw. Swing-Package von Java dar: Der Entwickler hat zwar die Möglichkeit, Elemente entsprechend der Bildschirmpixel anzuordnen, aber wesentlich einfacher ist die Benutzung eines (vordefinierten) Layout-Managers, der nur die Spezifikation von Grafikdetails wie z.B. Lage und Größe der Elemente im Verhältnis *zueinander* erlaubt. Im wesentlichen werden die Darstellungselemente und insbesondere die Lage derselben also nur auf syntaktischer Ebene definiert, was die Nutzung dieses Interfaces auf gänzlich unterschiedlichen Plattformen und insbesondere Bildschirmgrößen erlaubt.

3 Das Laempel-System: Ein adaptiver Spell Checker

3.1 Übersicht

Obwohl das Laempel-System von Klaus Truemper (UT Dallas) nicht die optische Gestaltung einer Benutzerschnittstelle beeinflusst, stellt es durchaus ein gutes Beispiel für die Anpassung eines Systems an den Benutzer dar: Es protokolliert das Nutzerverhalten in Bezug auf Fehler, die in einem Textdokument auftauchen, und verbessert dadurch die automatische Rechtschreibprüfung. Seine Vorteile gegenüber bekannteren Spellcheckern wie `Ispell` oder der Rechtschreibprüfung von `Microsoft Word` liegen vor allem darin, dass es mit einer wesentlich höheren Wahrscheinlichkeit

1. korrekte Ersetzungen für als inkorrekt erkannte Wörter findet und

3

2. unbekannte, aber korrekte Wörter auch als solche erkennt.

Das System besteht im Wesentlichen aus sechs verschiedenen Bestandteilen: einem *general dictionary*, der in etwa 200.000 englische Wörter umfasst und vom Nutzer nicht verändert werden kann, einem *user dictionary*, der beim ersten Systemstart leer ist und alle vom Nutzer jemals verwendeten (korrekten) Wörter umfasst, einem *excluded words dictionary*, der ebenfalls im Auslieferungszustand leer ist und alle aufgetretenen inkorrekten Wörter enthält, einem *user history file*, das eine Art „Fehlerprofil" des Nutzers darstellt, und zwei logischen Modulen, die die eigentliche Funktionalität des Systems umfassen.

Mithilfe dieser Komponenten erreicht das System folgende Features:

- inkorrekte Wörter werden mit an Sicherheit grenzender Wahrscheinlichkeit als solche erkannt - in diversen Tests übersah das System *nie* ein inkorrektes Wort

- für *jedes* inkorrekte Wort schlägt es eine sehr wahrscheinlich richtige Ersetzung vor

- es erkennt unbekannte, aber korrekte Wörter mit einer hohen Wahrscheinlichkeit als korrekt an

- jedes bereits einmal vom Nutzer als inkorrekt markierte Wort wird *immer* als inkorrekt markiert

- das Spell Checking vollzieht sich zügig und belastet den Nutzer kaum

Bis auf den ersten und letzten Punkt sind diese Features stark nutzerdomänenabhängig und erfordern ausgeklügelte Lernmethoden.

Das Laempel-System ist inzwischen in der Version 3.0 erhältlich. Die Erläuterungen in diesem Abschnitt stützen sich in erster Linie auf den Artikel [ZT99].

3.2 Bekannte Methoden

Bisherigen Systemen zur Fehlererkennung liegen ein Basiswörterbuch und oftmals auch schon ein Benutzerwörterbuch zugrunde; diese Ideen sind also nicht wirklich neu, das Neue ist eher die Herangehensweise: Verbreitet ist z.B. das sog. *n-gram checking*, bei dem nicht komplette Wörter, sondern Substrings der Längen 1, 2 oder max. 3 mithilfe von Statistiken über die verwendete Sprache ausgewertet werden; dies geschieht meist in Verbindung mit sehr ausgeklügelten Such- und Hashingfunktionen für einen schnellen Zugriff auf die Wörterbücher. Für diese Vorgehensweise liegen bereits viele ausgefeilte Methoden vor; dennoch muss sich das Laempel-System hier keinesfalls vor den anderen Spell Checkern verstecken.

Die Fehlerkorrektur beschränkt sich in den meisten Systemen auf Einzelwortbearbeitung, da etwa 80% der in Textdokumenten auftretenden Fehler Rechtschreib- bzw. Tippfehler sind. Die eingesetzten Techniken sind ausgefeiltes Pattern Matching in Verbindung mit statistischen Daten über die jeweilige Sprache.

4

3.3 Die Arbeitsweise des Laempel-Systems

Das Laempel-System durchläuft für *jedes* im Dokument auftretende Wort den in Abbildung 1 dargestellten *Entscheidungsbaum*:

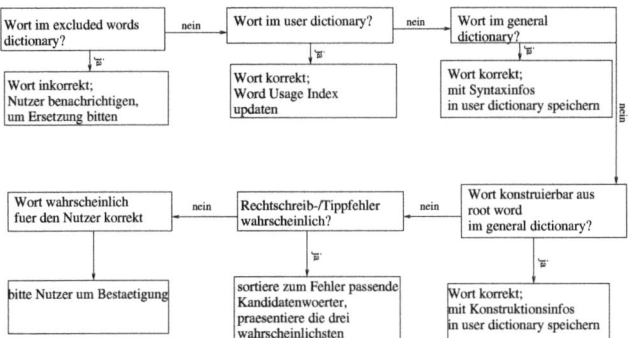

Abbildung 1: Entscheidungsbaum des Laempel-Systems

1. Ist das Wort im excluded words dictionary enthalten, ist es als falsch bekannt. Das System benachrichtigt den Nutzer, bittet ihn um einen korrekten Ersatz und durchläuft den Baum für das neue Wort.

2. Ist das Wort nicht im excluded words, aber im user dictionary, erkennt das System es an und bringt den entsprechenden *word usage index* (Abschnitt 3.4) auf den neuesten Stand.

3. Falls weder 1. noch 2. zutreffen, sucht das System nach dem Wort im general dictionary; wird es fündig, speichert es das Wort mit Syntaxinformationen im user dictionary (s.a. Abschnitt 3.4).

4. Ist auch dies nicht der Fall, versucht das System, mithilfe des logischen Moduls und der eingebauten Konstruktionsregeln für Wortkonstruktion das zu untersuchende Wort aus einem Stammwort im general dictionary zu konstruieren. Die vordefinierten Konstruktionsregeln umfassen sehr einfache Basiswortbildungsregeln der englischen Sprache wie z.B. die Bildung von Komparativ bzw. Superlativ und sind so gewählt, dass das System nicht aus Versehen ein inkorrektes Wort durch diese Konstruktion als an dieser Stelle korrekt erkennen kann.

   Gelingt die Konstruktion des Wortes, so speichert das System selbiges mit den Konstruktions- (und Syntax-)informationen im user dictionary.

5. Gelingt die Konstruktion des Wortes nicht, wird es als unbekannt markiert, und das System überprüft anhand des user history files, ob der Nutzer vielleicht einen für ihn charakteristischen Tippfehler begangen hat. Kommt das System zu dem Schluss, dass der Nutzer sehr wahrscheinlich einen

häufiger auftretenden Fehler gemacht hat, sortiert es die zu dem/den identifizierten Fehler(n) passenden Kandidatenwörter und gewichtet sie nach einer bestimmten Formel (s.a. Abschnitt 3.5). Es wählt die drei wahrscheinlichsten aus und gibt diese an den Nutzer weiter. Dieser kann nun:

- einen der Vorschläge akzeptieren; in diesem Fall speichert das System diesen Vorschlag mit den Syntaxinformationen im user dictionary.

- ein viertes Wort eingeben; in diesem Fall prüft das System für das neue Wort die Punkte 1. - 5. und gibt eine Warnung, falls das neue Wort unbekannt ist.

- das ursprüngliche Wort als korrekt deklarieren; in diesem Fall erfolgt keine weitere Fehleranalyse durch das System, sondern das Wort wird mit den entsprechenden Daten direkt in den user dictionary übernommen.

6. Ist das Wort nicht auf einen Fehler des Nutzers zurückzuführen, wird es als korrekt angenommen, und das System bittet den Nutzer um eine Bestätigung. Bestätigt der Nutzer das Wort, speichert das System dieses mit den üblichen Informationen im user dictionary. Ist es jedoch falsch, so muss der Nutzer selbst einen Ersatz angeben. Für dieses neue Wort durchläuft das System den Baum erneut. Falls das Wort ebenfalls nicht konstruierbar ist (d.h. 1.-4. gelten *nicht*), so warnt das System den Benutzer, der diese Warnung nun ignorieren oder ein neues Ersatzwort eingeben kann.

3.4 Der user dictionary

Im user dictionary wird jedes vom System bisher gelesene und korrekte Wort mit einigen Zusatzinformationen gespeichert. Hierbei bedeutet „korrekt", dass das Wort entweder aus einem Stammwort im user dictionary konstruierbar ist oder vom Nutzer als korrekt deklariert wurde. Die Baumstruktur des dictionarys, der im Normalfall etwa 20.000 Wörter umfasst ([ZT99]), erlaubt einen sehr schnellen Zugriff auf die Einträge. Die Zusatzinformationen umfassen:

- u.U. die Konstruktionsinformationen

- die Syntaxklassifikation (wird das Wort als Adjektiv, Substantiv,... benutzt?)

- statistische Informationen über bisherige Syntaxklassifikationen

- den *Word Usage Index*

Für den Word Usage Index q gilt stets: $-1000<=q<=1000$. Einem neuen Wort wird der initiale Index 0 zugewiesen. Ist der Index eines Worts kleiner oder gleich 0, so ist dieses nicht in den letzten $|q| + 1$ Dateien aufgetreten; ist er hingegen positiv, so trat das entsprechende Wort mit einer gewissen Häufigkeit in den zuletzt untersuchten Dokumenten auf. Für die genaue Formel s. [ZT99].

Laempel	Ispell
lieferte 51 korrekte Ersetzungen	lieferte 52 korrekte Ersetzungen
im Schnitt 1,2 Ersetzungsvorschläge pro als falsch erkanntem Wort	im Schnitt 3,0 Ersetzungsvorschläge pro als falsch erkanntem Wort
höchstens drei Vorschläge pro Wort	bis zu 31 Vorschlägen pro Wort
1. Vorschlag in 96% aller Fälle korrekt	1. Vorschlag in 79% aller Fälle korrekt

Tabelle 1: Vergleich von Ispell und Laempel-System

3.5 Fehlererkennung und -korrektur

Die Fehlererkennung und Fehlerkorrektur basiert auf den Daten im user history file. Stößt das System auf ein unbekanntes Wort, prüft es dieses File auf früher vom Nutzer gemachte Fehler und wie hoch die Wahrscheinlichkeit ist, dass einer dieser Fehler bei dem unbekannten Wort vorliegt. Ebenso wählt es *Kandidatenwörter* aus, die nach folgender Formel gewichtet werden:

$w = (1 + \alpha)q + 100l$

Die Elemente in der Gleichung sind:

- q: der Word Usage Index.

- l: die Wahrscheinlichkeit, dass der User genau den Fehler gemacht hat, der das Kandidatenwort in das gerade untersuchte Wort überführt.

- α: ein dynamisch in Abhängigkeit von der Erfahrung des Programms mit dem Nutzer veränderter Skalar, der sicherstellen soll, dass das am höchsten gewichtete Kandidatenwort auch die korrekte Ersetzung ist.

3.6 Abschließende Bemerkungen

Man kann den Lernvorgang des Systems beschleunigen (um ihm z.B. Spezialvokabular wie LaTeX beizubringen), indem man einen kompletten Text als korrekt deklariert. Jedes Wort, das nicht unter einen der in Abschnitt 3.3 beschriebenen Fälle 1.-4. fällt, wird vom System als korrekt in den user dictionary übernommen.

Das System bewies in Vergleichstests mit `Ispell` seine Stärke in der Fehlererkennung vor allem darin, unbekannte, aber korrekte Wörter auch als korrekt zu erkennen. Ispell erkannte solche Wörter in 19% aller Fälle an, Laempel in 82%. Ebenso entdeckte es insgesamt 4% mehr Rechtschreib- bzw. Tippfehler. Die Fähigkeiten beider Systeme in puncto Fehlerkorrektur wurden mit Testdokumenten, die etwa 15.500 Wörter umfassten, getestet; von diesen 15.500 Wörtern waren 54 falsch buchstabierte Alltagswörter. Um ein faires Vergleichsergebnis zu erzielen, startete das Laempel-System mit leeren Userfiles (dictionary *und* history). Hierbei wurden die in Tabelle 1 dargestellten Beobachtungen gemacht.

Diese Ergebnisse zeigen deutlich, dass der in Abschnitt 3.5 geschilderte Gewichtungsalgorithmus sehr gut funktioniert, obwohl er auf einer augenscheinlich recht simplen Formel beruht. Auch die hohe Rate in der korrekten Anerkennung unbekannter Wörter spricht durchaus für das Laempel-System. Die hier dargestellten Methoden verbessern die Rechtschreibprüfung erheblich und erleichtern es vor allem dem Nutzer, *echte* Fehler schneller zu korrigieren - je länger eine Auswahlliste ist, desto unübersichtlicher ist sie. Es lässt sich also annehmen, dass der Einsatz des Laempel-Systems in einer Rechtschreibprüfung dem Nutzer die Arbeit erleichtert und ihn nicht mehr als irgend nötig belastet, da insbesondere das oft lästige Bestätigen von korrekten, aber seltenen Wörtern oder gar Namen signifikant reduziert wird.

4   Agenten in interaktiven Systemen

Für *Agenten* bieten sich in interaktiven Systemen hauptsächlich zwei Aufgaben: Sie können *präsentieren* oder dem Nutzer *Routineaufgaben* abnehmen. Als Einsatzgebiete für Agenten bieten sich in u.a. große Informationsräume an. Um ihnen eine gewisse „Persönlichkeit" zu geben, werden bei der Interaktion mit Agenten häufig andere Mittel eingesetzt als bei der *direkten Manipulation*: Man greift hier oft auf natürliche, gesprochene Sprache oder sogar die Interpretation menschlicher Gestik und Mimik zurück, um dem Nutzer zumindest ein Stück weit das Gefühl zu vermitteln, er interagiere mit einer realen Person und nicht mit einem Computersystem. Ein Beispiel für das Verständnis bzw. die Interpretation menschlicher Gesten ist das Gandalf-System (Abbildung 2): Bei der Interaktion mit diesem Agenten trägt der Nutzer einen Anzug, der ihn an allen Körperteilen über Sensoren mit dem System verbindet. Gandalf kann auf diese Weise z.B. auf Kopfnicken oder sogar Augenbewegungen reagieren.

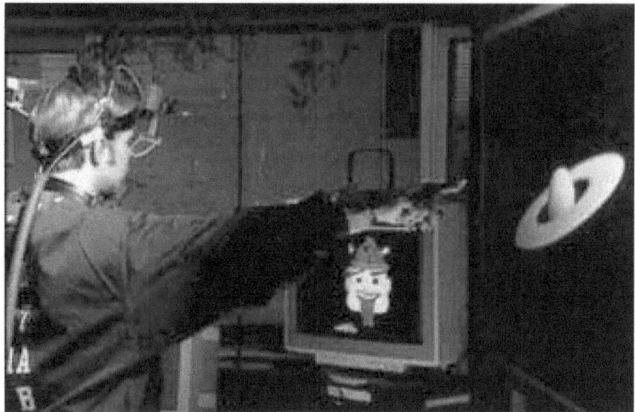

Abbildung 2: Beispiel für die Arbeit mit Gandalf (aus [JRL])

4.1   Suchen mit Agenten

Agenten für den Einsatz in großen Informationsräumen sind für gewöhnlich in Bezug auf die Interaktion einfacher gestrickt, verfügen dafür aber über eine höhere Effektivität in der *Interpretation* der Benutzereingaben. So suchen sie beispielsweise nicht nur nach solchen Einträgen, die den Nutzervorgaben vollständig entsprechen, sondern liefern auch leicht abweichende Antworten; dies ist besonders dann hilfreich, wenn der Nutzer nur über geringes Wissen über den Informationsraum verfügt (Beispiel **WWW**). Diverse Internet-Suchmaschinen stellen bereits solche Agenten dar, auch wenn ihre KI-Anteile noch sehr limitiert sind.

4.2 Präsentationsagenten

Präsentationsagenten können sowohl für Internet- als auch Messepräsentationen, ebenso für Unterrichtszwecke eingesetzt werden. Für solche Agenten sind die äußere Gestaltung und der Einsatz von „menschlichen" Zügen besonders wichtig. Je nach Präsentationsumfeld werden diese Agenten entweder mithilfe einer Animationssprache erzeugt und erhalten ein comicartiges Aussehen oder, falls die Präsentation „seriös" sein soll, auf der Basis filmischer Aufnahmen von realen Personen erstellt. Präsentationsagenten zeigen z.b. so „typisch menschliche" Verhaltensweisen wie Däumchen drehen aus Langeweile. Hier laufen nicht nur Forschungsaspekte der KI und Computergrafik zusammen, sondern an dieser Stelle fließen eine Menge *psychologische* Aspekte ein: Der Agent soll möglichst real wirken, durchaus mit einigen humoristischen Aspekten, aber er darf keinesfalls „albern" oder gar lächerlich aussehen - schließlich soll sich der Nutzer bis zu einem gewissen Grade mit ihm identifizieren können. In Abschnitt 4.5 stelle ich einige Präsentationsagenten vor, bei deren Gestaltung auf unterschiedliche Aspekte der Interaktion Wert gelegt wurde; u.a. wurde berücksichtigt, in welcher *Welt* sie agieren und an welchen Benutzerkreis sie sich richten. Einen Agenten, der neuen Angestellten Routinetätigkeiten an ihrer neuen Arbeitsstelle beibringen kann, stelle ich detaillierter in Abschnitt 5 vor.

4.3 Lernende Agenten

Lernende Agenten sind auf längere Zusammenarbeit mit derselben Person ausgerichtet. Eine gute Analogie für einen solchen Agenten ist ein (möglicherweise wissenschaftlicher) Assistent: Der Agent wird nur mit einem sehr rudimentären Basiswissen an den Nutzer ausgeliefert und erlernt ähnlich wie ein adaptives System durch Interaktion mit dem Nutzer Routinetätigkeiten, die er bald selbst übernehmen kann. Gleichzeitig kann er sich auf den Nutzer und dessen Vorlieben und vielleicht sogar dessen „Eigenheiten" einstellen; diese Lerneigenschaft führt dazu, dass der Nutzer dem Agenten mit mehr Vertrauen entgegentritt und fördert auf diese Weise den Interaktionsprozess an sich.

4.4 Agenten vs. Direkte Manipulation

Während sich Agenten und das Konzept der direkten Manipulation auf den ersten Blick widersprechen, so können sie sich eigentlich ergänzen, solange der Nutzer die komplette Kontrolle behält und der Agent nur unterstützend wirkt. Für Agenten gelten ähnliche Beschränkungen wie für adaptive Systeme: Der Rechner soll dem Nutzer nur Tätigkeiten annehmen, die dieser ihm explizit erlaubt und keine schwerwiegenden Entscheidungen ohne Rückfrage treffen; ebenso sind Agenten sehr limitiert, wenn harte RealTime-Constraints einzuhalten sind ([Pre99]). Ein häufig gegen Agenten genanntes Argument ist, sie könnten

Angst erzeugen und so den Lerneffekt nicht verbessern, sondern erschweren. Genau hier setzen aber die psychologischen Forschungen in diesem Bereich an, und es dürfte sicherlich spannend werden, die nähere Entwicklung zu beobachten.

4.5 Beispiele für Präsentationsagenten

4.5.1 Einleitung

Den in diesem Abschnitt vorgestellten Agenten ist gemeinsam, dass sie stark an ihre (Desktop-)Welt gebunden sind. Alle enthalten verschiedene Aspekte der optischen und „zwischenmenschlichen" Gestaltung und sind - mit einer Ausnahme - für Unterrichtszwecke gedacht. Die Erläuterungen basieren im Wesentlichen auf dem Artikel [JRL], dem auch alle Illustrationen entnommen sind, soweit nicht anders angegeben.

4.5.2 Adele - ein Agent für ein WWW-gestütztes Fernstudium

Adele (kurz für „Agent for Distance Learning: Light Edition") ist ein Javabasierter Agent, der ein Fernstudium über das Internet ermöglichen soll. Entwickelt wurde dieser Agent wie der in Abschnitt 5 beschriebene Steve an der USC. Es existieren bereits spezielle medizinische Kurse; andere Projekte sind in der Entwicklungsphase. Adele agiert und reagiert immer von ihrem eigenen Fenster aus (Abbildung 4) und erläutert dem Nutzer die Lerninhalte auf textueller Basis.

4.5.3 Herman der Käfer - Botanik für Teenager

Herman stammt genau wie Cosmo (Abschnitt 4.5.4) und WhizLow (Abschnitt 4.5.5) aus der North Carolina State University (NCSU). Er agiert in einer 2D-Welt namens „DESIGN-A-PLANT". Amerikanische „Middle School"-Schüler (Klassen 5-8) sollen mit seiner Hilfe Anatomie und Physiologie aller möglichen Pflanzen lernen; d.h., sie lernen, wie bestimmte Pflanzen beschaffen sind und warum sie so beschaffen sind. In DESIGN-A-PLANT gibt es vier grundsätzlich verschiedene Umweltbedingungen für die von den Schülern zu entwerfenden Pflanzen, u.a. eine wüsten- und eine alpenartige Umgebung. In jeder dieser vier Umgebungen erläutert Herman zunächst die allgemeinen klimatischen Bedingungen und gibt kleine Tips, wie eine Pflanze sich am besten an diese Bedingungen anpasst. Der Schüler, der das System bedient, soll nun eine Pflanze erstellen, die ideal für diese Bedingungen ausgestattet ist. Dies tut er, indem er drei Teile zusammensetzt: Wurzel, Stamm und Blattkrone. Für jeden dieser drei Teile präsentiert das System eine bestimmte Anzahl an Auswahlmöglichkeiten, die alle individuelle Eigenschaften haben. Ist die Auswahl des Schülers falsch, so weist Herman ihn darauf hin, erläutert, worin der Fehler liegt und bittet um eine neue Selektion. Ist diese noch immer nicht richtig, versucht Herman es noch einmal mit einer detaillierteren Erklärung. Hilft auch diese nicht, wählt er die korrekte Antwort selbst aus und erklärt die besonderen Eigenschaften, die diese Auswahl auszeichnen. Abbildung 6 zeigt z. B. die Auswahl einer Wurzel.

Ist die Pflanze komplett und korrekt, wird deutlich, dass sich Herman an einen wesentlich jüngeren Nutzerkreis richtet als Adele: Je nach der gerade beendeten Umwelt drückt er seine Freude über die richtige Antwort auf verschiedene

Abbildung 3: Adele erläutert die Behandlung einer Läsion

11

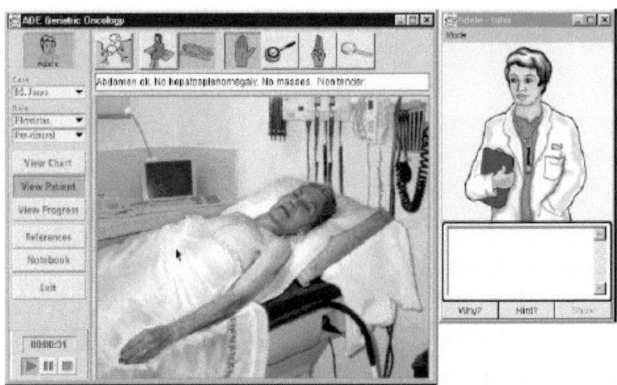

Abbildung 4: Adele verfolgt den Mauscursor des Nutzers

Abbildung 5: Herman der Käfer

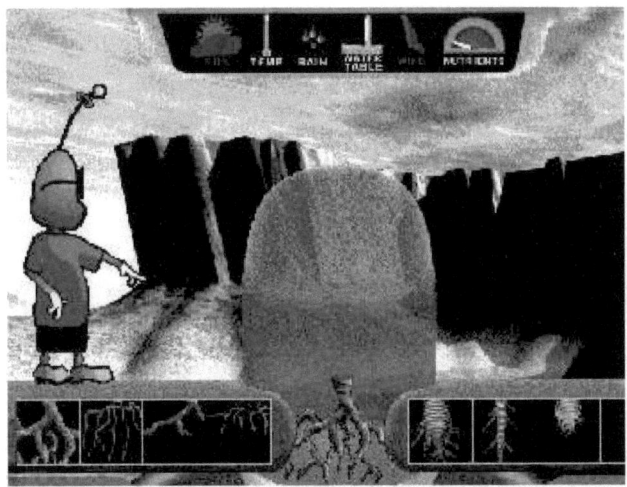

Abbildung 6: Herman erläutert die vom Schüler ausgewählte Baumwurzel

Weise aus; in der Wüstenumgebung beispielsweise fährt er mit einem kleinen Auto einige Male kreuz und quer über den Bildschirm, teleportiert sich dann zu einer Klippe und vollführt dort einen Bungeesprung.

4.5.4 Cosmo - Visualisierung von Netzwerkübertragung

Cosmo (Abbildung 7) erläutert in der sog. *Internet Protocol Advisor World* die Vorgänge bei einer Datenübertragung im Internet. Er bringt die Datenpakete von einer Station zur nächsten und weist auf Änderungen der Netzwerkkonfiguration, z.B. der Übertragungshardware oder des zugrundeliegenden Protokolls hin.

4.5.5 WhizLow - Animation von Vorgängen im Rechnerinneren

WhizLow (Abbildung 8 könnte gewissermaßen als „Cosmos kleiner Bruder" (Abschnitt 4.5.4) bezeichnet werden. Seine Welt ist die *CPU City 3D*, eine Repräsentation eines Motherboards mit allen wesentlichen Elementen (RAM, CPU, Festplatte). Während Cosmo die Vorgänge bei einer Datenübertragung im Netzwerk darstellt, erläutert WhizLow das Innere *eines* Rechners. Er führt die vom Nutzer gestellten Aufgaben aus und erläutert, welche Rechnerkomponenten welche Subtasks durchführen.

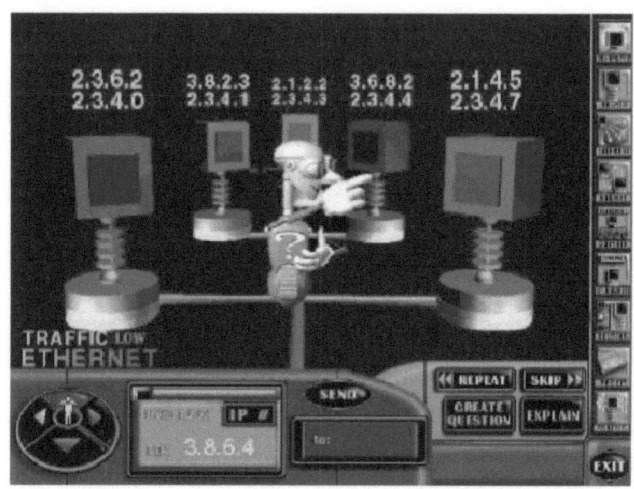

Abbildung 7: Cosmo in der Internet Protocol Advisor World

Abbildung 8: WhizLow in der CPU-City 3D

4.5.6 PPP Persona - ein Agent zur Präsentation von HTML-Seiten

Von der DFKI in Saarbrücken stammt der Präsentationsagent PPP-Persona Abbildung 9). Die Abkürzung „PPP" steht hier für „Personalized Plan-Based Presenter". Dieser Agent existiert in verschiedenen Visualisierungsformen: sowohl als Cartoonfigur (wie hier im Bild) als auch als Abbild eines realen Menschen. Er läuft als Java-Applet im Webbrowser und kann entsprechend formalisierte Inhalte einer Webseite präsentieren. In diesem Agenten steckt u.a. ein ausgeklügeltes *Planungssystem*; einen Ausschnitt daraus stellt Abbildung 10 dar.

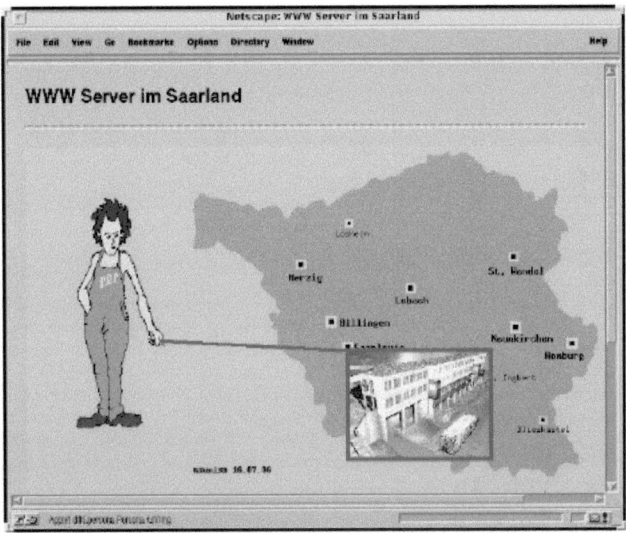

Abbildung 9: Der Agent PPP-Persona von der DFKI Saarbrücken>

5 Steve - ein animierter Lehrer

5.1 Überblick

Steve ist eine Abkürzung für „Soar Training Expert for Virtual Environments". Dieser Agent stammt vom *Center for Advanced Research in Technology for Education (CARTE)* der USC. Er ist dazu gedacht, neuen Mitarbeitern Routinetätigkeiten an ihrem Arbeitsplatz beizubringen, wobei er nicht auf bestimmte Arbeitsfelder beschränkt ist. Der Schüler und Steve agieren gemeinsam in einer 3D-Repräsentation der Arbeitsumgebung, die alle wesentlichen Elemente des realen Arbeitsplatzes enthält (Abbildung 11). Steve hat eine comicartige

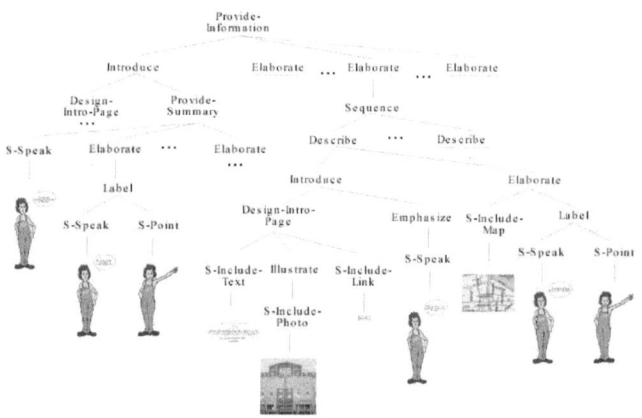

Abbildung 10: Ein Ausschnitt eines PPP-Plans

Darstellung, die zum jetzigen Zeitpunkt nur aus einem Oberkörper besteht. Er kann Arbeitsabläufe demonstrieren oder sich auch nur darauf beschränken, dem Schüler bei der Tätigkeit „über die Schulter zu schauen" und nur dann einzugreifen, wenn der Schüler einen Fehler macht oder ihn darum bittet. Auf diese Weise ersetzt Steve einerseits einen menschlichen Tutor; andererseits ist er (oder besser: mehrere Steves in Zusammenarbeit) sogar in der Lage, nicht vorhandene Teammitglieder für die Dauer des „Kurses" zu ersetzen. Bei der Arbeit mit Steve trägt der Schüler einen 3D-Helm mit Sprachinterface und interagiert mit seiner virtuellen Arbeitsumgebung mithilfe eines 3D-Steuerwerkzeugs wie z.B. eines Datenhandschuhs.

Steve beschäftigt im Wesentlichen drei Forschungsbereiche:

- Intelligente Lehrsysteme: Er reagiert auf einfache natürliche Sprache wie z.B. die Frage "Warum?"

- Computergrafik: Hier fließen auch viele psychologische Aspekte ein; insgesamt besteht das Interesse darin, die Mensch-Computer-Interaktion zu verbessern.

- Agentensysteme: Ähnlich wie der PPP-Persona-Agent (Abschnitt 4.5.6) hat Steve einen eingebauten Planungsalgorithmus; darüberhinaus findet er sich in einer *dynamischen* Umgebung zurecht und kann sogar mit anderen Agenten interagieren.

5.2   Die Arbeit mit Steve

Jeff Rickel und Lewis Johnson erläutern in [RJ99] die Arbeit mit Steve am Beispiel einer Kompressorwartung an Bord eines Schiffes: Die Schülerin trägt einen VR-Helm mit eingebautem Mikrofon und sieht in der Anfangssituation

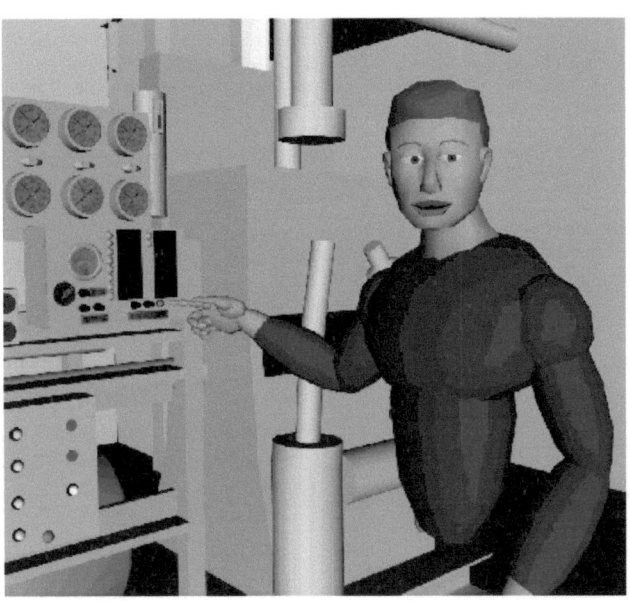

Abbildung 11: Steve in einem virtuellen Maschinenraum eines Schiffs

ein 3D-Modell ihrer Arbeitsumgebung und Steve neben sich. Nachdem Steve die Aufgabe „Kompressorwartung" kurz allgemein erläutert hat, beginnt er mit der Demonstration, wobei er jeden Arbeitsschritt kurz verbal erklärt. Er sagt „Ich werde jetzt den Ölstand prüfen" und bewegt sich zum Ölstab; auf diesen deutet er dann, wobei er die Schülerin anschaut, und sagt: „Zuerst den Ölstab herausziehen." Danach zieht er den Ölstab heraus, deutet auf den Anzeigestrich und sagt: „Nun können wir den Ölstand am Ölstab ablesen. Wie Du sehen kannst, ist der Ölstand normal." Zum Abschluss der *Subtask* „Ölstand prüfen" sagt Steve „Als nächstes den Ölstab hineinschieben" und schiebt den Stab wieder zurück.

An jeder beliebigen Stelle könnte die Schülerin z.B. sagen: „Lass mich das tun." In diesem Falle würde Steve dazu übergehen, ihre Arbeitsausführung zu beobachten und Ratschläge zu erteilen, soweit erforderlich. Nach Abschluss des kompletten Arbeitsvorgangs kann die Schülerin noch Fragen zu allen Arbeitsschritten stellen, deren Bedeutung ihr nicht klargeworden ist. Diese Interaktion erfolgt über ein Auswahlmenü anstatt mit natürlicher Sprache, da eine hierfür benötigte Spracherkennung einen wesentlich höheren Komplexitätsgrad hätte als die, über die Steve verfügt.

5.3 Steves Architektur

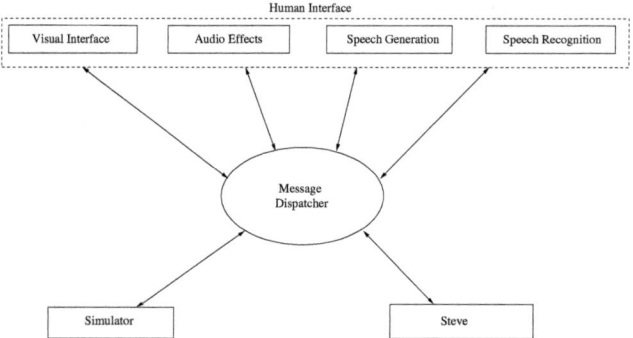

Abbildung 12: Die Architektur des Gesamtsystems (aus [RJ99])

Abbildung 12 zeigt die Architektur des gesamten Systems, in das Steve eingebettet ist. Das zentrale Element hier ist der *Message Dispatcher* über den sämtliche Interaktion zwischen den Komponenten dieses Systems läuft. Eine derartige Architektur hat den großen Vorteil, dass sie äußerst variabel in ihren Komponenten ist; es müssen lediglich Schnittstellen und Übergabeprotokolle standardisiert sein. Der *Simulator* enthält die aktuellen Zustände aller Bestandteile der Welt und bildet daraus eine Repräsentation der virtuellen Arbeitsumgebung, die über den Nachrichtenverteiler an die anderen Komponenten weitergegeben wird. Unter dem Punkt *Visual Interface* sind sowohl das Display als

18

auch das 3D-Steuerwerkzeug zu verstehen. Die variable Gestaltung des Systems erlaubt es theoretisch, beliebig viele Agenten und menschliche Interfaces mit einzubauen; diese müssen sich nur in der gleichen Weise mit dem Nachrichtenverteiler verbinden.

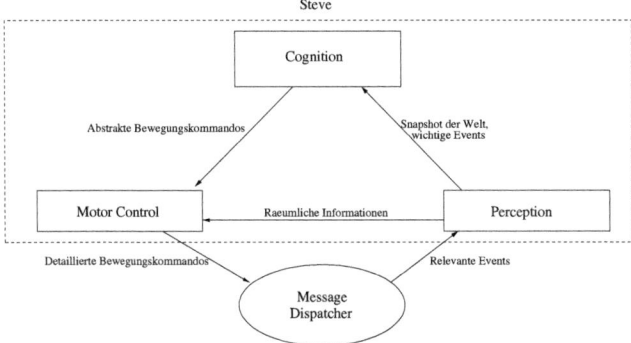

Abbildung 13: Steves Hauptmodule und Arten der ausgetauschten Nachrichten (aus [RJ99])

Steve selbst besteht aus drei Modulen, die in Abbildung 13 dargestellt sind: Das *Cognition Module* läuft in einem eigenständigen Prozess, während die *motorische Kontrolle* und das *Perception Module* sich einen Prozess teilen. Diese Aufteilung birgt zwei Vorteile in sich:

- Es entstehen keine Compilerprobleme, obwohl die Module in unterschiedlichen Programmiersprachen geschrieben wurden: Das Cognition Module wurde mithilfe von *Soar* [2], einer speziellen KI-Programmiersprache, entwickelt, während die beiden anderen Module in Tcl/Tk geschrieben sind.

- Die Parallelität ist zur Laufzeit von Vorteil, wenn das Perception Module viele Nachrichten erhält und dem Cognition Module nur unnötig Rechenzeit nähme.

Steves Wissen über die Arbeitsumgebung kann grundsätzlich in zwei Gruppen geteilt werden:

- *Perceptual knowledge*: Hierzu zählen die aus der realen in die virtuelle Arbeitsumgebung übernommenen Objekte, deren wichtige Simulatorattribute (z.B. die Zustände „an" und „aus" bei Lampen) und sonstige räumliche Eigenschaften wie z.B. ihre Position. Dieses Wissen wird im Perception Module (Abschnitt 5.4.1) repräsentiert .

- *Task knowledge*: Hierunter fallen die einzelnen Arbeitsschritte, um die Aufgaben auszuführen sowie Textfragmente, die Steve für seine Sprachgene-

---

[2]siehe http://bigfoot.eecs.umich.edu/~soar

rierung benötigt. Dieses Wissen ist im Cognition Module (Abschnitt 5.4.2) enthalten.

5.4 Beschreibung der einzelnen Module

5.4.1 Das Perception Module

Das *Perception Module* empfängt sämtliche Nachrichten von den anderen (Welt-)Komponenten und aktualisiert damit seine *Repräsentation* der Welt. Mit diesen Daten versorgt es die anderen beiden Module des Agenten auf Anfrage. Der Hauptteil der Informationen über die Welt kommt selbstverständlich vom *Simulator* (Abschnitt 5.3); diese Informationen werden, um die Gesamtarchitektur möglichst flexibel zu halten und nicht von bestimmten Simulatoren abhängig zu sein, in einfachen Attribut-Wert-Paaren repräsentiert. Die sonstigen räumlichen Informationen wie z.B. Position von Objekten, Agenten und Benutzern in der Welt erhält das Modul von einem oder mehreren visuellen Interfaces.

Die Attribut-Wert-Paare für sämtliche Objekte der Welt ergeben sich aus den Vorgaben desjenigen, der Steve das für die entsprechende Aufgabe erforderliche Wissen einprogrammiert hat. Für den/die Benutzer werden der Aufenthaltsort, damit Steve ihn anschauen kann, und die Objekte im Sichtbereich gespeichert. Das Modul ist auch für die Wegplanung zuständig; diese erfolgt im Moment mit einem einfachen statischen Graphen, dessen Knoten die Objekte und Kanten die direkten Verbindungen zwischen ihnen repräsentieren. Alle hier genannten Informationen werden nur auf *Anfrage* an das entsprechende Modul weitergegeben.

Wichtige *Events* gibt das Perception Module direkt an das Cognition Module weiter, ohne vorher danach gefragt worden zu sein. Wichtige Events sind:

- Zustandsänderungen (Änderungen eines oder mehrerer Attribut-Wert-Paare)

- Aktionen an Objekten

- menschliche Sprache

- von (anderen) Agenten empfangene Sprache

5.4.2 Das Cognition Module

Das *Cognition Module* stellt gewissermaßen Steves „Gehirn" dar. Es enthält weltunabhängige Lehrfähigkeiten, die in jedem Agenten eingebaut sind, und weltspezifisches Taskwissen, das für jeden Agenten von einem Fachmann aus dem Einsatzbereich programmiert werden muss. Die für Letzteres verwendete Codierung ist so gehalten, dass sie auch für Nichtcomputerfachleute leicht verständlich und anwendbar ist ([RJ99]). Ein Funktionstest für ein Alarmlicht kann z.B. folgendermaßen codiert werden:

```
Steps: press-function-test, check-alarm-light, extinguish-alarm

Causal links:
    press-function-test achieves test-mode for check-alarm-light
```

```
check-alarm-light achieves know-whether-alarm-functional for
end-task
extinguish-alarm achieves alarm-off for end-task

Ordering constraints:
press-function-test before check-alarm-light
check-alarm-light before extinguish-alarm
```

Die Codierung gibt an, welche *Ziele* zu welchem Zeitpunkt innerhalb eines Plans bzw. zur Ausführung welcher weiteren Tätigkeit erforderlich sind. Über eine solche (Sub-)Taskdefinition hinaus muss der Programmierer noch einige Textfragmente für die Sprachgenerierung angeben:

- für jedes Ziel bzw. Teilziel ein Fragment, das den Satz „I want..." komplettiert

- für jeden Arbeitsschritt eine Kurz- und eine Detailbeschreibung

- für jede mögliche Sensorinformation ein beschreibendes Textfragment

Das Cognition Module durchläuft eine Endlosschleife, die folgendermaßen zusammengefasst werden kann:

1. Empfange die sensorischen Informationen vom Preception Module.

2. Berechne, welche Ziele der aktuellen Task bereits erfüllt sind.

3. Konstruiere einen Plan für die nächsten Schritte.

4. Wähle den nächsten Operator innerhalb des Plans aus.

5. Führe den gewählten Operator aus (=> gib diesen Operator weiter an das Motor Control Module).

5.4.3 Das Motor Control Module

Das *Motor Control Module* empfängt komplexe motorische Kommandos vom Cognition Module, bricht diese in einfachere Operationen auf und gibt diese über den Nachrichtenverteiler an die anderen (Welt-)Komponenten weiter. Die empfangenen Kommandos können sein:

- Sprich einen String zu einer Person, einem (anderen) Agenten oder allen.

- Sende *speech act* (spezielle Kommunikationsform) an einen anderen Agenten.

- Gehe zu bestimmtem Objekt. In diesem Fall nutzt das Modul die vom Perception Module gelieferten Informationen, um einen Weg zu berechnen.

- Sieh ein bestimmtes Objekt, einen Agenten oder einen Menschen an. Auch hierfür nutzt das Modul die Daten des Perception Module.

- Nicke bzw. schüttle den Kopf.

- Zeige auf bestimmtes Objekt - auch hier werden die Informationen vom Perception Module gebraucht.

- Bewege Hand in neutrale Position.

- Manipuliere ein bestimmtes Objekt auf eine bestimmte Weise.

5.5 Abschließende Bemerkungen

Bisher konzentrierten sich Steves Entwickler in erster Linie auf den Einsatz beim Unterrichten *eines* Schülers; die Teamfähigkeit befindet sich noch in der Erprobungsphase. Der bisher komplexeste Test ([RJ99]) umfasste zwei Schüler und fünf Agenten, von denen zwei für jeweils einen Schüler als Tutor fungierten und die restlichen drei als übrige Teammitglieder. Steves Entwicklungsstatus befindet sich insgesamt noch in der Erprobungsphase, aber man darf wohl getrost davon ausgehen, dass sich dieses schnell ändern und Steve die ersten „echten" Einsätze haben wird.

6 Ausblick

Sowohl adaptive Systeme als auch der Einsatz von Agenten in der Mensch-Computer-Interaktion stellen Alternativen für die Zukunft dar, die das Verhältnis zwischen Mensch und Maschine verbessern können, indem der Computer „personalisiert" wird. Der Mensch bekommt also das Gefühl, mit einem vertrauten Individuum und nicht mit einer Maschine zu arbeiten. Unter Berücksichtigung der psychologischen Aspekte bei der Entwicklung solcher Systeme stellen diese jungen Konzepte sicherlich eine gute Alternative zu den bekannten Systemen dar; der Computer wird vom Werkzeug zum Assistenten, was bei guter Detailgestaltung nicht zu Angst, sondern zu Vertrauen seitens des Nutzers führt. Die Gefahr besteht vor allem darin, dass Nutzer anfangen könnten, dem Rechner zu sehr zu vertrauen; hier müssen Sicherungsmaßnahmen getroffen werden, die verhindern, dass selbst wenn ein solches Vertrauen besteht, dieses nicht zu schlimmeren Konsequenzen führen kann. Beherzigt man diese Grundsätze bei der Entwicklung solcher Systeme, dürfte solche Software wie dem Laempel-System oder Steve in Zukunft große Verbreitung finden.

Literatur

[JRL]   W. Lewis Johnson, Jeff W. Rickel, and James C. Laster. Animated pedagogical agents: Face-to-face interaction in interactive learning environments. To appear in International Journal of Artificial Intelligence in Education. 2000.

[Lan97] P. Langley. Machine learning for adaptive user interfaces. In G. Brewka, Ch. Habel, and B. Nebel, editors, *KI-97: Advances in Artificial Intelligence - 21st Annual German Conference on Artificial Intelligence*, pages 53–62, 1997.

[Pre99] Bernhard Preim. *Entwicklung interaktiver Systeme*. Springer, 1999.

[RJ99]   Jeff Rickel and W. Lewis Johnson. Animated agents for procedural
         training in virtual reality: Perception, cognition, and motor control.
         Applied Artificial Intelligence, 13:343–382, 1999.

[ZT99]   Y. Zhao and Klaus Truemper. Effective spell checking by learning user
         behavior. *Applied Artificial Intelligence*, 13:725–742, 1999.